Chinese Poems for Students of Chinese

Roger New

Companion ebook

© 2017 Roger New

All rights reserved. No part of this book may be reprinted or reproduced or utilized in any form or by any mechanical, electronic or other means, now known or invented hereafter, including photocopying and recording, or in any information storage or retrieval system without permission in writing from the publishers.

The rights of Roger New to be identified as author of this work have been asserted by him in accordance with sections 77 and 78 of the Copyright, Designs and Patents Act 1988.

ISBN No. 978-1-9161098-2-7

Published by RandalCharles Publishers, London UK
www.randalcharles.co.uk

Illustrations provided under standard licence from Shutterstock

First edition 2019

Second publication July 2019

Preface

This ebook is a companion to the series in print entitled "Chinese Poems for Students of Chinese", volumes 1 and 2. Its aim is to help students become familiar with, and memorise, any or all of the poems presented as texts in these two printed titles. Sixty five poems, mainly 5- or 7-character cut-shorts, are provided here, in the form of simplified Chinese characters alongside their pinyin pronunciations. They are in a form readily accessible on a mobile phone or tablet, so that the student can look up and work on the poems while on the go, as an aid to committing each verse to memory, with a view to writing, or declaiming them out loud. The document is intended for use in conjunction with the parent volumes, in which explanatory notes, meanings of each character, and renditions of the poems in English are also provided.

Table of Contents

Volume 1

1. Searching for a hermit, and not finding him – Jia Dao (Tang)

2. Seven step stanza – Cao Zhi (Wei)

3. Pity the toiler - Li Shen (Tang)

4. Spring dawn – Meng Hao Ran (Tang)

5. Returning home – He Zhi Zhang (Tang)

6. Grass – Bai Ju Yi (Tang)

7. Staying a night on the mountain – Li Bai (Tang)

8. Quiet thoughts – Li Bai (Tang)

9. Sitting alone on Jing Ting mountain – Li Bai (Tang)

10. Deserted southern slope – Su Shi (Song)

11. Producing a grandson - Wang An Shi (Song)

12. Deer enclosure – Wang Wei (Tang)

13. Meng Cheng Pass – Wang Wei (Tang)

14. Ascending Crane Tower – Wang Zhi Huan (Tang)

15. An autumn evening - Du Mu (Tang)

16. Having an appointment – Zhao Shi Xiu (Tang)

17. Poem – Du Fu (Tang)

18. Dusk on the river – Bai Ju Yi (Tang)

19. Autumn Cove – Li Bai (Tang)

20. Bamboo branch verse – Liu Yu Xi (Tang)

21. Parting: number 2 – Du Mu (Tang)

22. Mooring at night by maple bridge – Zhang Ji (Tang)

23. Spring dusk – Cao Bin (Song)

24. Visiting a garden, but not stopping – Ye Shao Weng (Song)

25. Clear spring – Wang Jia (Tang)

26. On the lake – Xu Yuan Jie (Tang)

27. Le You Grounds – Li Shang Yin (Tang)

28. Leaving early from Bai Di city – Li Bai (Tang)

Volume 2

Part 1

1. Grass (second half) – Bai Ju Yi (Tang)

2. Cold food - Han Hong (Tang)

3. New Year's Day – Wang An Shi (Song)

4. Qing Ming festival – Du Mu (Tang)

5. Summer's day quatrain - Li Qing Zhao (Song)

6. Listening to the zither – Li Duan (Tang)

7. Red Cliff – Du Mu (Tang)

8. Song of Liang Zhou – Wang Chang Ling (Tang)

9. Long Xi quatrain – Chen Tao (Tang)

10. Prisoners of war – Bai Ju Yi (Tang)

11. Chuzhou West Brook - Wei Ying Wu (Tang)

12. Peach blossoms at Xuan Du Temple - Liu Yu Xi (Tang)

13. Moored on Qin Huai River – Du Mu (Tang)

14. Funeral mourning – Shi Ling Yu (Sui)

Part 2

1. Song of the silk-worm lady – Zhang Yu (Song)

2. Song of the silk-worm lady – Xie Fang De (Song)

3. Cloth of golden threads – Du Qiu Niang (Tang)

4. Are there flowers? – Bai Ju Yi (Tang)

5. A palace verse – Zhu Qing Yu (Tang)

6. Ji Ling terrace – Zhang Hu (Tang)

7. Song of eternal regret – Bai Ju Yi (Tang)

8. Golden Valley Park – Du Mu (Tang)

9. A parting gift – Du Mu (Tang)

10. Lao Lao Ting - Li Bai (Tang)

11. Boudoir regret – Wang Chang Ling (Tang)

12. Studying Laozi – Bai Ju Yi (Tang)

13. Confucius - Wang An Shi (Song)

14. Three Character Classic – Wang Ying Lin (Song)

15. Thousand Character Classic – Zhou Xing Si (Nan Liang)

16. Sleeping through rain on an autumn night – Bai Ju Yi (Tang)

17. Visiting Zhang Park in early summer – Dai Fu Gu (Song)

18. Feelings expressed in verse – Du Mu (Tang)

19. Eucalyptus flowers in the inner court – Chen Shu Bao (Chen)

20. Sobbing for faded flowers –Lin Dai Yu (Ming)

21. Lament on jade steps – Li Bai (Tang)

22. A long autumn night in Xiao Gu – Qian Qi (Tang)

23. I have a body – Han Shan (Tang)

The Poems

Volume 1

1. 寻隐者不遇 （贾岛 - 唐）
Xún Yǐn Zhě Bú Yù (Jiǎ Dǎo – Táng)

松下问童子,	sōng xià wèn tóngzi
言师采药去.	yán, shī cǎi yào qù
只在此山中,	zhǐ zài cǐ shān zhōng
云深不知处.	yún shēn, bù zhī chù

2. 七步诗 （曹植 - 三国 - 魏）
Qī Bù Shī (Cáo Zhí - Sān Guó - Wèi)

煮豆燃豆萁,	zhǔ dòu rán dòu qí
豆在釜中泣,	dòu zài fǔ zhōng qì
本是同根生,	běn shì tóng gēn shēng
相煎何太急?	xiāng jiān hé tài jí

3. 悯农 （李绅 - 唐）
Mǐn Nóng (Lǐ Shēn – Táng)

锄禾日当午,	chú hé rì dāng wǔ
汗滴禾下土.	hàn dī hé xià tǔ
谁知盘中餐,	shéi zhī pán zhōng cān
粒粒皆辛苦.	lì lì jiē xīnkǔ

4. 春晓 （孟浩然 - 唐）
Chūn Xiǎo (Mèng Hào Rán - Táng)

春眠不觉晓，	chūn mián bù jué xiǎo
处处闻啼鸟．	chù chù wén tí niǎo
夜来风雨声，	yè lái fēng yǔ shēng
花落知多少？	huā luò zhī duō shǎo

5. 回乡偶书 （贺知章 - 唐）
Huí Xiāng Ǒu Shū (Hè Zhī Zhāng - Táng)

少小离家老大回，	shǎo xiǎo lí jiā lǎo dà huí
乡音无改鬓毛衰．	xiāng yīn wú gǎi bìn máo shuāi
儿童相见不相识，	ér tóng xiāng jiàn bù xiāng shí
笑问客从何处来？	xiào wèn kè cóng hé chù lái

6. 草 （白居易 - 唐）
Cǎo (Bái Jū Yì - Táng)

离离原上草，	lí lí yuán shàng cǎo
一岁一枯荣．	yī suì yī kū róng
野火烧不尽，	yě huó shāo bu jìn
春风吹又生．	chūn fēng chuī yòu shēng

7. 夜宿山寺 （李白 - 唐）
Yè Sù Shān Sì (Lǐ Bái - Táng)

危楼高百尺，	wēi lóu gāo bǎi chǐ
手可摘星辰．	shǒu kě zhāi xīngchén
不敢高声语，	bù gǎn gāo shēng yǔ
恐惊天上人．	kǒng jīng tiān shàng rén

8. 静夜思 （李白 - 唐）
Jìng Yè Sī (Lǐ Bái - Táng)

床前明月光，	chuáng qián míng yuè guāng
疑是地上霜．	yí shì dì shàng shuāng
举头望明月，	jǔ tóu wàng míng yuè
低头思故乡．	dī tóu sī gù xiāng

9. 独坐敬亭山 （李白 - 唐）
Dú Zuò Jìng Tíng Shān (Lǐ Bái - Táng)

众鸟高飞尽，	zhòng niǎo gāo fēi jǐn
孤云独去闲．	gū yún dú qù xián
相看两不厌，	xiāng kàn liǎng bú yàn
只有敬亭山．	zhǐ yǒu jìng tíng shān

10. 寂寂东坡 （苏轼 - 宋）
Jì Jì Dōng Pō (Sū Shì - Sòng)

寂寂东坡一病翁，	jì jì dōng pō yī bìng wēng
白须萧散满霜风．	bái xū xiāo sǎn mǎn shuāng fēng
小儿误喜朱言在，	xiǎo ér wù xǐ zhū yán zài
一笑那知是酒红．	yī xiào nà zhī shì jiǔ hóng

11. 赠外孙 （王安石 - 宋）
Zèng Wài Sūn (Wáng Ān Shí - Sòng)

南山新长凤凰雏，	nán shān xīn zhǎng fèng huáng chú
眉目分明画不如．	méi mù fēn míng huà bù rú
年小从他爱梨栗，	nián xiǎo cóng tā ài lí lì
长成须读五车书．	zhǎng chéng xū dú wǔ chē shū

12. 鹿柴 （王维 - 唐）
Lù Chái (Wáng Wéi - Táng)

空山不见人，	kōng shān bú jiàn rén
但闻人语响．	dàn wén rén yǔ xiǎng
返景入深林，	fǎn jǐng rù shēn lín
复照青苔上．	fù zhào qīng tái shàng

13. 孟城坳 （王维 - 唐）
Mèng Chéng Ào (Wáng Wéi - Táng)

新家孟城口，	xīn jiā mèng chéng kǒu
古木余衰柳．	gǔ mù yú āi liǔ
来着复为谁？	lái zhě fù wéi shéi
空愁昔人有．	kōng chóu xī rén yǒu

14. 登鹳鹊楼 （王之涣 - 唐）
Dēng Guàn Què Lóu (Wáng Zhī Huàn - Táng)

白日依山尽，	bái rì yī shān jìn
黄河入海流．	huáng hé rù hǎi liú
欲穷千里目，	yù qióng qiān lǐ mù
更上一层楼．	gēng shàng yī cēng lóu

15. 秋夕 （杜牧 - 唐）
Qiū Xī (Dù Mù - Táng)

银烛秋光冷画屏，	yín zhú qiū guāng lěng huà píng
轻罗小扇扑流萤．	qīng luó xiǎo shàn pū liú yíng
天街夜色凉如水，	tiān jiē yè sè liáng rú shuǐ
卧看牵牛织女星．	wò kàn qiān niú zhī nǚ xīng

16. 有约 （赵师秀 - 唐）
Yǒu Yuē (Zháo Shī Xiù - Táng)

黄梅时节家家雨，	huáng méi shíjié jiājiā yǔ
青草池塘处处蛙．	qīng cǎo chítáng chùchù wā
有约不来过夜半，	yǒu yuē bù lái guò yè bàn
闲敲棋子落灯花．	xián qiāo qízi luò dēnghuā

17. 绝句 （杜甫 - 唐）
Jué Jù (Dù Fǔ - Táng)

两个黄鹂鸣翠柳，	liǎng gè huáng lí míng cuì liǔ
一行白鹭上青天．	yī xíng bái lù shàng qīng tiān
窗含西岭千秋雪，	chuāng hán xī lǐng qiān qiū xuě
门泊东吴万里船．	mén bó dōng Wú wàn lǐ chuán

18. 暮江吟 （白居易 - 唐）
Mù Jiāng Yín (Bái Jū Yì - Táng)

一道残阳铺水中，	yī dào cán yáng pū shuǐ zhōng
半江瑟瑟半江红．	bàn jiāng sè sè bàn jiāng hóng
可怜九月初三夜，	kě lián jiǔ yuè chū sān yè
露似真珠月似弓．	lù sì zhēn zhū yuè sì gōng

19. 秋浦歌 其五 （李白 - 唐）
Qiū Pǔ Gē Qí Wǔ (Lǐ Bái - Táng)

秋浦多白猿,	qiū pǔ duō bái yuán
超腾若飞雪.	chāo téng ruò fēi xuě
牵引条上儿,	qiān yǐn tiáo shàng ér
饮弄水中月.	yǐn nòng shuǐ zhōng yuè

20. 竹枝词 (刘禹锡 - 唐)
Zhú Zhī Cí (Liú Yǔ Xī - Táng)

山上层层桃李花,	shān shàng céng céng táo lǐ huā
云间烟火是人家.	yún jiān yān huǒ shì rén jiā
银钏金钗来负水,	yín chuàn jīn chāi lái fù shuǐ
长刀段笠去烧畬.	cháng dāo duǎn lì qù shāo yú

21. 其二 （杜牧 - 唐 ）
Qí Èr (Dù Mù - Táng)

多情却似总无情,	duō qíng què sì zǒng wú qíng
惟觉罇前笑不成.	wéi jué zūn qián xiào bù chéng
蜡烛有心还惜别,	làzhú yǒu xīn hái xī bié
替人垂泪到天明.	tì rén chuí lèi dào tiān míng

22. 枫桥夜泊 （张继 - 唐）
Fēng Qiáo Yè Bó (Zhāng Jì - Táng)

月落乌啼霜满天， yuè luò wū tí shuāng mǎn tiān
江枫渔火对愁眠． jiāng fēng yú huǒ duì chóu mián
姑苏城外寒山寺， gū sū chéng wài hán shān sì
夜半钟声到客船． yè bàn zhōng shēng dào kè chuán

23. 春暮 （曹豳 - 宋）
Chūn Mù (Cáo Bīn - Sòng)

门外无人问落花， mén wài wú rén wèn luò huā
绿阴冉冉遍天涯． lǜ yīn rǎn rǎn biàn tiān yá
林莺啼到无声处， lín yīng tí dào wú shēng chù
青草池塘独听蛙． qīng cǎo chítáng dú tīng wā

24. 游园不直 （叶绍翁 - 宋）
Yóu Yuán Bù Zhí (Yè Shào Wēng - Sòng)

应怜屐齿印苍苔， yīng lián jī chǐ yìn cāng tái
小扣柴扉久不开． xiǎo kòu chái fēi jiǔ bù kāi
春色满园关不住， chūn sè mǎn yuán guān bu zhù
一枝红杏出墙来． yī zhī hóngxìng chū qiáng lái

25. 春晴 （王驾 - 唐）
Chūn Qíng (Wáng Jià - Táng)

雨前初见花间蕊， yǔ qián chū jiàn huā jiān ruǐ
雨后全无叶底花． yǔ hòu quán wú yè dǐ huā
蝴蝶纷纷过墙去， húdié fēnfēn guò qiáng lái
确疑春色在邻家． què yí chūn sè zài lín jiā

26. 湖上 （徐元杰 - 宋）
Hú Shàng (Xú Yuán Jié - Sòng)

花开红树乱莺啼， huā kāi hóng shù luàn yīng tí
草长平湖白鹭飞． cǎo cháng píng hú bái lù fēi
风日晴和人意好， fēng rì qíng hé rén yì hǎo
夕阳箫鼓几船归． xī yīn xiāo gǔ jǐ chuán guī

27. 乐游原 (李商隐 - 唐）
Lè Yóu Yuán (Lǐ Shāng Yǐn - Táng)

向晚意不适， xiàngwǎn yì bùshì
驱车登古原． qūchē dēng gǔ yuán
夕阳无限好， xīyáng wú xiàn hǎo
只是近黄昏． zhǐ shì jìn huáng hūn

28. 早发白帝城 （李白 - 唐）
Zǎo Fā Bái Dì Chéng (Lǐ Bái - Táng)

朝辞白帝彩云间，	zhāo cí bái dì cǎi yún jiàn
千里江陵一日还．	qiān lǐ jiāng líng yī rì huán
两岸猴声啼不住，	liáng àn hóu shēng tí bú zhù
轻舟已过万里山．	qīng zhōu yǐ guò wàn lǐ shān

Volume 2 - Part 1

1. 草 （白居易 - 唐）
Cǎo (Bái Jū Yì - Táng)

离离原上草，	lí lí yuán shàng cǎo
一岁一枯荣．	yī suì yī kū róng
野火烧不尽，	yě huó shāo bu jìn
春风吹又生．	chūn fēng chuī yòu shēng
远芳侵古道，	yuǎn fāng qīn gǔ dào
晴翠接荒城．	qíng cuì jiē huāng chéng
又送王孙去，	yòu sòng wáng sūn qù
萋萋满别情．	qī qī mǎn bié qíng

2. 寒食 （韩翃 - 唐）
Hán Shí (Hán Hóng - Táng)

春城无处不飞花， chūn chéng wú chù bù fēi huā
寒食东风御柳斜． hán shí dōng fēng yù liǔ xié
日暮汉宫传蜡烛， rì mù hàn guān chuán làzhú
轻烟散入五侯家． qīng yān sàn rù wǔ hòu jiā

3. 元日 （王安石 - 宋）
Yuán Rì (Wáng Ān Shí - Sòng)

爆竹声中一岁除， bào zhú shēng zhōng yī suì chú
春风送暖入屠苏． chūn fēng sòng nuǎn rù tú sū
千门万户瞳瞳日， qiān mén wàn hù tóngtóng rì
总把新桃换旧符． zǒng bǎ xīn táo huàn jiù fú

4. 清明 （杜牧 - 唐）
Qīng Míng (Dù Mù - Táng)

清明时节雨纷纷， qīngmíng shíjié yǔ fēnfēn
路上行人欲断魂． lùshàng xíngrén yù duànhún
借问酒家何处有， jièwèn jiǔjiā hé chǔ yǒu
牧童遥指杏花村． mù tóng yáozhǐ xìng huā cūn

5. 夏日绝句 （李清照 - 宋）
Xià Rì Jué Jù (Lǐ Qīng Zhào - Sòng)

生当作人杰， shēng dāng zuò rén jié
死亦为鬼雄． sǐ yì wèi guǐ xióng
至今思项羽， zhì jīn sī Xiàng Yǔ
不肯过江东． bù kěn guò jiāng dōng

6. 听筝 （李端 - 唐）
Tīng Zhēng (Lǐ Duān - Táng)

鸣筝金粟柱， míng zhēng jīn sù zhù
素手玉房前． sù shǒu yù fáng qián
欲得周郎顾， yù dé Zhōu Láng gù
时时误拂弦． shíshí wù fú xián

7. 赤壁 （杜牧 - 唐）
Chì Bì (Dù Mù - Táng)

折戟沉沙铁未销， zhé jǐ chén shā tiě wèi xiāo
自将磨洗认前朝． zì jiāng mó xǐ rèn qián cháo
东风不与周郎便， dōng fēng bù yǔ Zhōu Láng biàn
铜雀春深销二乔． tóng qiǎo chūn shēn xiāo èr Qiáo

8. 凉州曲 （王昌龄 - 唐）
Liáng Zhōu Qǔ (Wáng Cháng Líng - Táng)

葡萄美酒夜光杯， pútao měi jiǔ yè guāng bēi
欲饮琵琶马上催． yù yǐn pípa mǎshàng cuī
醉卧沙场君莫笑， zuì wò shā cháng jūn mò xiào
古来征战几人回？ gǔlái zhēngzhàn jǐ rén huí

9. 陇西行 （陈陶 - 唐）
Lǒng Xī Háng (Chén Táo - Táng)

誓扫匈奴不顾身， shì sǎo xiōngnú bú gù shēn
五千貂锦丧胡尘． wǔ qiān diāo jǐn sàng hú chén
可怜无定河边骨， kělián wú dìng hé biān gǔ
犹是春闺梦里人． yóu shì chūn guī mèng li rén

10. 缚戎人 （白居易 - 唐）
Fù Róng Rén (Bái Jū Yì - Táng)

片断

黄衣小使录姓名， huáng yī xiǎo shǐ lù xìng míng
领出长安乘递行． lǐng chū Cháng'Ān chéng dì xíng
身被金疮面多瘠， shēn bèi jīn chuāng miàn duō jí
扶病徒行日一驿． fú bìng tú xíng rì yī yì
朝餐饥渴费杯盘， cháo cān jī kě fèi bēi pán
夜卧腥臊污床席． yè wò xīng sāo wū chuáng xí

11. 滁州西涧 （韦应物 - 唐）
Chú Zhōu Xī Jiàn (Wéi Yìng Wù - Táng)

独怜幽草涧边生， dú lián yōu cǎo jiàn biān shēng
上有黄鹂深树鸣． shàng yǒu huáng lí shēn shù míng
春潮带雨晚来急， chūn cháo dài yǔ wǎn lái jí
野渡无人舟自横． yě dù wú rén zhōu zì héng

12. 玄都观桃花 （刘禹锡 - 唐）
Xuán Dū Guān Táo Huā (Liú Yǔ Xī - Táng)

紫陌红尘拂面来， zǐ mò hóng chén fú miàn lái
无人不道看花回． wú rén bú dào kàn huā huí
玄都观里桃千树， xuán dū guān lǐ táo qiān shù
尽是刘郎去后栽． jìn shì Liú Láng qù hòu zāi

13. 泊秦淮 （杜牧 - 唐）
Bó Qín Huái (Dù Mù - Táng)

烟笼寒水月笼沙， yān lǒng hán shuǐ yuè lǒng shā
夜泊秦淮近酒家． yè bó Qín Huái jìn jiǔ jiā
商女不知亡国憎， shāng nǚ bù zhī wáng guó zēng
隔江犹唱"后庭花" gé jiāng yóu chàng "hòu tíng huā"

14. 悲永殡 （释灵裕 - 隋）
Bēi Yǒng Bìn (Shì Líng Yù - Suì)

命断辞人路，　　mìng duàn cí rén lù
骸送鬼门前．　　hái sòng guǐ mén qián
从今一别后，　　cóng jīn yī bié hòu
更会几何年．　　gèng huì jǐ hé nián

Volume 2 – Part 2

1. 蚕妇吟 （张俞 - 宋）
Cán Fù Yín (Zhāng Yú - Sòng)

昨日入城市，　　zuó rì rù chéng shì
归来泪满巾．　　guī lái lèi mǎn jīn
谝身罗绮者，　　biàn shēn luó qǐ zhe
不是养蚕人．　　bú shì yǎng cán rén

2. 蚕妇吟 （谢枋得 - 宋）
Cán Fù Yín (Xiè Fāng Dé - Sòng)

子规啼彻四更时，　zǐ guī tí chè sì gēng shí
起视蚕稠怕叶稀．　qǐ shì cán chóu pà yè xī
不信楼头杨柳月，　bú xìn lóu tóu yáng liǔ yuè
玉人歌舞未曾归．　yù rén gē wǔ wèicéng guī

3. 金缕衣 （杜秋娘 - 唐）
Jīn Lǚ Yī (Dù Qiū Niáng - Táng)

劝君莫惜金缕衣， quàn jùn mò xī jīn lǚ yī
劝君惜取少年时． quàn jūn xī qǔ shǎo niánshi
花开堪折直须折， huā kāi kān zhé zhí xū zhé
莫待无花空折枝． mò dài wú huā kōng zhé zhī

4. 花非花 （白居易 - 唐）
Huā Fēi Huā (Bái Jū Yì - Táng)

花非花， huā fēi huā
雾非雾， wù fēi wù
夜半来， yè bàn lái
天明去． tiān míng qù
来如春梦几多时？ lái rú chūn mèng jǐ duō shí
去似朝云无觅处． qù sì zhāo yún wú mì chù

5. 宫中词 （朱庆馀 - 唐）
Gōng Zhōng Cí (Zhū Qìng Yú - Táng)

寂寂花时闭院门， jì jì huā shí bì yuàn mén
美人相并立琼轩． měi rén xiāng bìnglì qióng xuān
含情欲说宫中事， hán qíng yù shuò gōng zhōng shì
鹦鹉前头不敢言． yīngwǔ qián tóu bù gǎn yán

6. 集灵台 （张祜 - 唐）
Jí Líng Tái (Zhāng Hù - Táng)

日光斜照集灵台， rì guāng xié zào jí líng tái
红树花迎晓露开， hóng shù huā yíng xiǎo lù kāi
昨夜上皇新授箓， zuó yè shàng huáng xīn shòu lù
太真含笑入帘来． tài zhēn hán xiào rù lián lái

7. 长恨歌 （白居易 - 唐）
Cháng Hèn Gē (Bái Jū Yì - Táng)

归来池苑皆依旧， guī lái chí yuàn jiē yījiù
太液芙蓉未央柳． Tàiyè fúróng Wèiyāng liǔ
芙蓉如面柳如眉， fúróng rú miàn liǔ rú méi
对此如何不泪垂． duì cǐ rúhé bú lèi chuí

8. 金谷园 （杜牧 - 唐）
Jīn Gǔ Yuán (Dù Mù - Táng)

繁华事散逐香尘， fán huá shì sān zhú xiāng chén
流水无情草自春． liú shuǐ wǔ qíng cǎo zì chūn
日暮东风怨啼鸟， rì mù dōng fēng yuàn tí niǎo
落花犹似坠楼人． luò huā yóu sì zhuì lóu rén

9. 赠别 （杜牧 - 唐）
Zèng Bié (Dù Mù - Táng)

娉娉袅袅十三余，	pīngpīng niǎoniǎo shísān yú
豆蔻梢头二月初．	dòu kòu shāo tóu èr yuè chū
春风十里杨州路，	chūn fēng shí lǐ yáng zhōu lù
卷上珠帘总不如．	juǎn shàng zhū lián zǒng bù rú

10. 劳劳亭 （李白 - 唐）
Láo Láo Tíng (Lǐ Bái - Táng)

天下伤心处，	tiān xià shāng xīn chù
劳劳送客亭．	láo láo sòng kè tíng
春风知别苦，	chūn fēng zhī bié kǔ
不遣柳条青．	bù qiǎn liǔ tiáo qīng

11. 闺怨 （王昌龄 - 唐）
Guī Yuàn (Wáng Chāng Líng - Táng)

闺中少妇不知愁，	guī zhōng shàofù bù zhī chóu
春日凝妆上翠楼．	chūn rì níng zhuāng shàng cuì lóu
忽见陌头杨柳色，	hū jiàn mòu tóu yáng liǔ sè
悔教夫婿觅封侯．	huǐ jiào fūxù mì fēng hóu

12. 读老子 （白居易 - 唐）
Dú Lǎo Zi (Bái Jū Yì - Táng)

言者不知知者默， yánzhě bù zhī zhīzhě mò
此语吾闻于老君． cǐ yǔ wú wén yú lǎo jūn
若道老君是知者， ruò dào lǎo jūn shì zhī zhě
缘何自箸五千文． yuán hé zì ruò wǔ qiān wén

13. 孔子 （王安石 - 宋）
Kǒng Zǐ (Wáng Ān Shí - Sōng)

圣人道大能亦博， shèng rén dào dà néng yì bó
学者所得皆秋毫． xué zhě suǒ dé jiē qiū hāo
虽传古未有孔子， suī chuán gǔ wèi yǒu kǒng zǐ
蠛蠓何足知天高． miè měng hé zú zhī tiān gāo

14. 三字经 （王应麟/区适子 - 宋）
Sān Zì Jīng (Wáng Yīng Lín - Sòng)

（1）

人之初,	rén zhī chū
性本善,	xìng běn shàn
性相近,	xìng xiāng jìn
习相远.	xí xiāng yuǎn

（7）

玉不琢,	yù bù zhuó
不成器,	bù chéng qì
人不学,	rén bù xué
不知义.	bù zhī yì

（14）

三纲者,	sān gāng zhě
君臣义,	jūn chén yì
父子亲,	fù zǐ qīn
夫妇顺.	fū fù shun

15. 千字文 （周兴嗣 - 南梁）
Qiān Zì Wén (Zhōu Xìng Sì - Nán Liáng)

  天地玄黄,   tiān dì xuán huáng
  宇宙洪荒.   yǔ zhòu hóng huāng
  日月盈昃,   rì yuè yíng zè
  辰宿列张.   chén xiù liè zhāng

16. 秋雨夜眠 （白居易 - 唐）
Qiū Yǔ Yè Mián (Bái Jū Yì - Táng)

  凉冷三秋夜,   liáng lěng sān qiū yè
  安闲一老翁.   ān xián yī lǎo wēng
  卧迟灯灭后,   wò chí dēng miè hòu
  睡美雨声中.   shuì měi yǔ shēng zhōng
  灰宿温瓶火,   huī sù wēn píng huǒ
  香添暖被笼.   xiāng tiān nuǎn bèi lǒng
  晓晴寒未起,   xiǎo qíng hán wèi qǐ
  霜叶满阶红.   shuāng yè mǎn jiē hóng

17. 初夏游张园 （戴复古 - 宋）
Chū Xià Yóu Zhāng Yuán (Dài Fù Gǔ - Sòng)

  乳鸭池塘水浅深, rǔ yā chítáng shuǐ qiǎn shēn
  熟梅天气半阴晴. shú méi tiānqì bàn yīn qíng
  东园载酒西园醉, dōng yuán zài jiǔ xī yuán zuì
  摘尽枇杷一树金. zhāi jìn pípa yī shù jīn

18. 遣怀 （杜牧 - 唐）
Qiǎn Huái (Dù Mù - Táng)

落魄江湖载酒行， luòbó jiāng hú zài jiǔ xíng
楚腰纤细掌中轻． Chǔ yāo xiānxì zhǎng zhōng qīng
十年一觉扬州梦， shí niǎn yī jiào YángZhōu mèng
赢得青楼薄幸名． yíng dé qīng lóu bóxìng míng

19. 玉树后庭花 （陈叔宝 - 陈）
Yù Shù Hòu Tíng Huā (Chén Shū Bǎo - Chén)

丽宇芳林对高阁， lì yǔ fānglín duì gāo gé
新妆艳质本倾城． xīnzhuāng yànzhì běn qīngchéng
映户凝娇乍不进， yìng hù níng jiāo zhà bú jìn
出帷含态笑相迎． chū wéi hán tài xiào xiāngyíng
妖姬脸似花含露， yāojī liǎn shì huā hán lù
玉树流光照后庭． yùshù liúgāng zhào hòutíng
花开花落不长久， huā kāi huā luò bù chángjiǔ
落红满地归寂中． luò hóng mǎn dì guī jì zhōng

20. 泣残红 （林黛玉 - 明）
Qì Cán Hóng (Lín Dài Yù - Míng)

侬今葬花人笑痴，　nóng jīn zàng huā wěi rén xiào

他年葬侬知是谁？　tānián zàng nóng zhī shì shéi

。。。

一朝春尽红颜老，　yīzhāo chūn jìn hóngyán lǎo

花落人亡两不知！　huā luò rén wáng liǎng bù zhī

21. 玉阶怨 （李白 - 唐）
Yù Jiē Yuàn (Lǐ Bái - Táng)

玉阶生白露，　　yù jiē shēng bái lù

夜久侵罗袜．　　yè jiǔ qīn luó wà

却下水晶帘，　　què xià shuǐ jīng lián

玲珑望秋月．　　línglóng wàng qiū yuè

22. 效古秋夜长 （钱起 - 唐）
Xiào Gǔ Qiū Yè Cháng (Qián Qǐ - Táng)

秋汉飞玉霜，　　　qiū hàn fēi yù shuāng

北风扫荷香．　　　běi fēng sǎo hé xiāng

含情纺织孤灯尽，　hán qíng fǎng zhī gū dēng jǐn

拭泪相思寒漏长．　shì lèi xiāng sī hán lòu cháng

23. 有身与无身 (寒山 - 唐)
Yǒu Shēn Yǔ Wú Shēn (Hán Shān - Táng)

有身与无身,	yǒu shēn yǔ wú shēn
是我复非我.	shì wǒ fù fēi wǒ
如此审思量,	rúcǐ shěn sīliàng
迁延倚岩坐.	qiānyán yǐ yán zuò
足间青草生,	zú jiān qīng cǎo shēn
顶上红尘堕.	dǐng shàng hóngchén huī/duò
已见俗中人,	yǐ jiàn sú zhōngrén
灵床施酒果.	língchuáng shī jiǔ guǒ